El Granjero Bob

Va a Surfear

OCÉANOS
FARMER BOB
™

visitenos en www.flyingrhino.com

Dirección: P.O. Box 3989
          Portland, Oregon, U.S.A.
          97208-3989

Dirección Electronica: bigfan@flyingrhino.com

Número de Control de la Biblioteca del Congreso: 2001100002

ISBN 1-59168-013-1
ISBN de la colección Farmer Bob, Océanos: 1-883772-86-9

Impreso en Mexico

El Granjero Bob trabaja todo el día
cuidando de la tierra y sus cultivos.
Pero a la hora de descansar le gusta
hacer surf con todos sus amigos.

Los animales también necesitan vacaciones.
Por eso, Bob, a su autobús los sube.
Ahora pueden jugar en la arena y calentarse
todos al sol, ya que el cíelo está sin una nube.

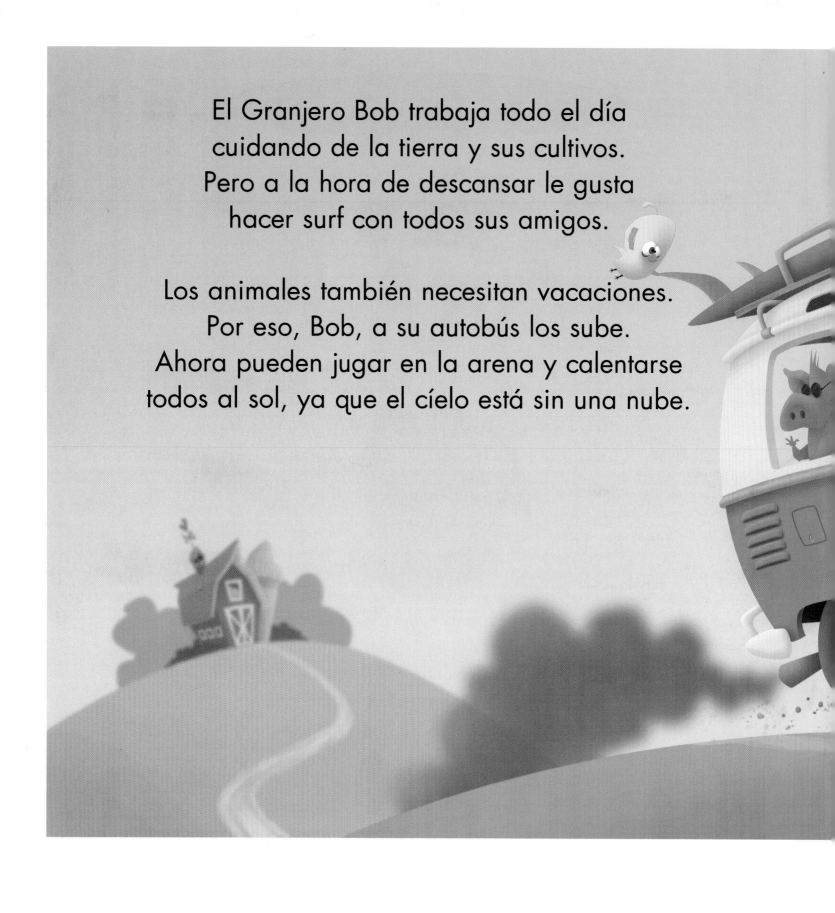

Sería estupendo si yo pudiera
nadar por debajo del mar,
acariciar a las anémonas y
los bosques de algas explorar.

¿Decías Alga?

El kelp es un tipo de alga marina. Hay muchas especies de algas marinas. Algunas son muy grandes. El kelp gigante puede llegar a medir 100 pies (30 m) de alto.

Mucho Kelp

Los bosques de kelp están formados por grandes cantidades de kelp que crecen en un lugar. Estos bosques de kelp se encuentran en aguas frías, cerca de la costa.

Acostado sobre su tabla de surf,
rema entre las aguas tranquilas,
y se imagina que por debajo hay peces
extraños y cuevas escondidas.

Anémona Enemiga

Algunas personas piensan que las anémonas marinas parecen flores. En realidad, son animales. La mayoría de las anémonas marinas se adhieren a superficies duras como las rocas. Entonces esperan a que pasen nadando los peces u otras presas. Algunas solamente pueden comer el plancton diminuto. Las células urticantes que tienen en los tentáculos les ayudan a atrapar a su presa.

¡Plas!

Las olas se rompen al llegar a la orilla. Esto se llama oleaje.

¡Qué Oleaje!

La gente ha practicado el surf durante miles de años. Los primeros surfistas vivían en las islas oceánicas. Algunas de las mejores olas para el surf se encuentran cerca de las islas.

6

Para hacer surf tienes que mantenerte
sobre una tabla que no es estática,
mientras que te deslizas por una
colina empinada y acuática.

Bob nunca ha practicado el
surf pero se siente confiado.
Después de nueve caídas, piensa
"¡Esto lo tengo dominado!"

Montadores de Olas Desbocadas

A muchos surfistas les gustan las olas
grandes. ¡Algunos pueden cabalgar sobre
olas tan altas como postes de teléfono!

¡Qué Marejada!

El viento produce las olas sobre la
superficie del océano. El tamaño de las
olas depende de la fuerza del viento.

Pero Bob no se imagina lo
que le espera en el mar:
una ola tan gigantesca y alta
que es imposible de domar.

Respirar Debajo del Agua

Los peces necesitan oxígeno igual que las personas. Pero ellos respiran por las agallas que extraen el oxígeno del agua.

Tubo de Buceo

Las personas pueden usar tanques de aire para respirar debajo del agua. Los buceadores llevan los tanques de aire en la espalda. El aire llega a la boca del buceador mediante un tubo que se conecta al tanque.

Un momento Bob se deslizaba
sobre las olas suavemente.
Al siguiente, se revolcaba
debajo del agua lentamente.

Aunque no sabía cómo, Bob estaba
respirando como cualquier ser marino.
Lo rodeaba un banco de peces que lo
miraban sin saber de dónde vino.

¡Este Banco se Mueve!

Muchos peces nadan en grupos,
llamados bancos. Los peces que
nadan en bancos pueden así
confundir a los predadores.

¡Todos en Formación!

Los peces tienen sensores especiales en la cabeza y los costados.
Estos sensores perciben el movimiento en el agua. Esto ayuda a
los peces en un banco a saber dónde nadan los otros peces.
También ayuda al banco de peces a mantenerse juntos.

"Esto parece una escuela,"
pensó Bob el Granjero.
"En vez de niños hay peces,
caballos de mar y un gran mero."

Un Róbalo Muy Revoltoso

Algunos róbalos son muy pequeños y algunos son muy grandes. ¡El róbalo gigante puede llegar a medir casi 7 pies (2 m) de largo y pesar más de 500 libras (227 kg)!

Orgullo de Padre

Como la mayoría de los peces, los caballitos de mar nacen de huevos. Las hembras ponen huevos y los machos cargan estos huevos hasta que se abren.

Algunos miembros del grupo
jugaban y bromeaban,
otros, como el pez payaso,
haciendo payasadas estaban.

Un Carrusel Marino
Los caballitos de mar se pueden agarrar a las cosas con la cola.

¿Dónde Está el Circo?
El pez payaso es un tipo de pez anémona. Los peces anémona conviven sin problemas con las anémonas marinas. Las células urticantes de estas anémonas marinas no hacen daño a los peces anémona.

Comenzaba una lección que
explicaba que son diferentes
los animales marinos y los
demás seres terrestres.

El primer ser que estudiaron conocido
como "vaca marina," era un manatí.
El Granjero Bob al ver su foto no
dudaba por qué lo llamaban así.

Sinfonía de Delfines

Los delfines hacen principalmente dos tipos de sonidos. Producen unos chasquidos para encontrar el camino en el océano. Dan unos silbidos, o chillidos, para comunicarse con los demás delfines.

Bob ya sabía todo eso y
se fue de allí nadando,
a visitar a los delfines que
jugaban en el agua salpicando.

Escucha el Océano

Con frecuencia, está demasiado oscuro para
poder ver debajo del agua. Los delfines usan
el sonido para encontrar su camino, como
hacen los murciélagos.

Vacas Marinas

Los manatíes son mamíferos. Comen hierbas
marinas igual que las vacas comen hierba en
la tierra. Los manatíes adultos miden
aproximadamente 10 pies (3 m) de largo.

Bob intentó atrapar un delfín.
"¡Espéreme, Señora Pez!" gritó.
"Yo soy un mamífero, como tú,"
dijo ella, y su gran cola agitó.

"Somos parientes de las ballenas.
Nadamos en grupos, llamados manadas.
Respiramos aire con los pulmones, damos a luz
crías en vivo y al bacalao no nos parecemos nada."

Respira Hondo

Los mamíferos no pueden respirar debajo
del agua. Deben nadar hasta la superficie
para llenarse los pulmones de aire.

¡Qué Dientes tan Grandes!

Hay dos tipos de ballenas: las ballenas dentadas y las
ballenas con barba. Las que tienen barba tienen unas
láminas en la boca que sirven como filtros y que se
llaman ballenas...y de ahí proviene el nombre "ballena."

"Si quieres ver seres extraños
y realmente sorprendentes,
a los respiraderos térmicos vete,
pero no encontrarás agua caliente."

Mamíferos y Peces

La mayoría de los mamíferos dan a luz crías que nacen vivas y beben la leche de la mamá. La mayoría de los peces proceden de huevos y sus mamás no los amamantan. Los peces tienen la sangre fría.

Caliente y Frío

Los delfines y las ballenas son mamíferos y tienen la sangre caliente. Los mamíferos marinos tienen una gruesa capa de grasa que les ayuda a mantenerse calientes.

Bob descendía por el agua que
estaba muy fría y oscura.
Los seres de los respiraderos térmicos
eran una verdadera hermosura.

Agua Caliente...

Los respiraderos térmicos son aberturas en el fondo del océano por donde sale despedida agua caliente. ¡El agua alcanza temperaturas hasta 700°F (371°C)!

...Enfriamiento Rápido

El agua caliente que sale de los respiraderos se enfría rápidamente. La temperatura del agua a una pulgada (2.5 cm) de distancia de ellos es de 34°F (1.1°C). ¡Casi congelada!

Mejillones, almejas, camarones y
caracoles encuentran aquí su hogar.
Algún pulpo pasa nadando y hay
cangrejos que se pasean por el lugar.

Aquí viven muchos tipos de gusanos
diferentes, cada cuál más extraordinario.
Hay gusanos que parecen palmeras y
gusanos de tubo como lápiz de labios.

Golosinas Minerales

Los respiraderos también echan minerales al agua. Los animales que viven cerca necesitan los minerales para vivir. Uno de estos es el sulfuro de hidrógeno. ¡Huele a huevos podridos!

Hoy no Salimos a Comer

Los gusanos gigantes de tubo que viven en los respiraderos no tienen ni boca ni estómago. En su interior viven unas bacterias que dan la energía necesaria a los gusanos.

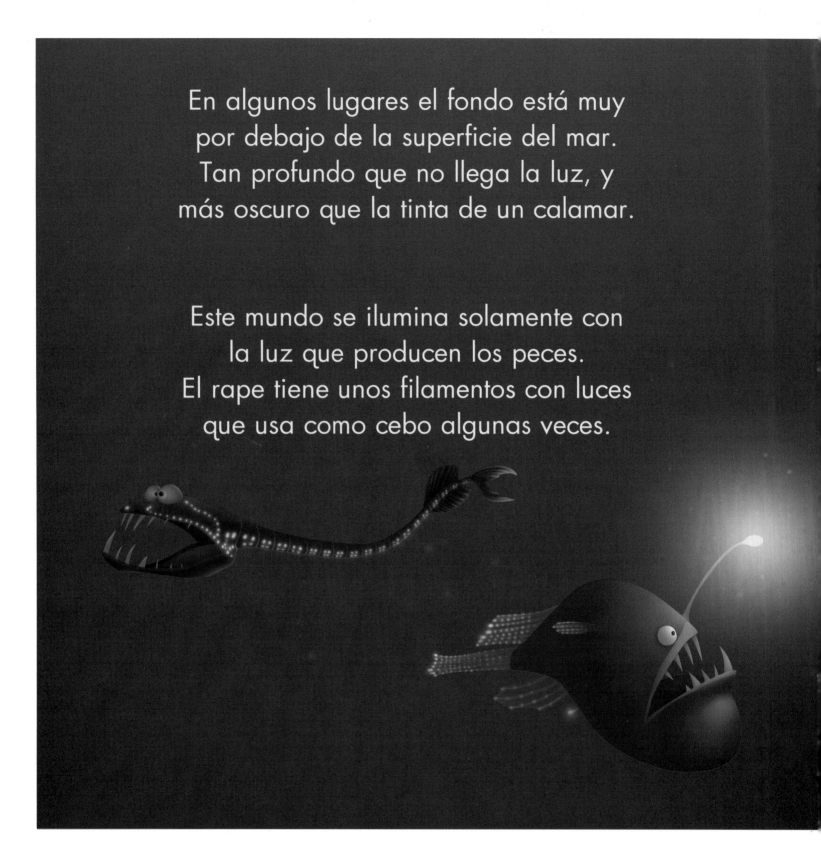

En algunos lugares el fondo está muy
por debajo de la superficie del mar.
Tan profundo que no llega la luz, y
más oscuro que la tinta de un calamar.

Este mundo se ilumina solamente con
la luz que producen los peces.
El rape tiene unos filamentos con luces
que usa como cebo algunas veces.

Focos Delanteros y Traseros

Muchos peces que viven en las profundidades
tienen unas células en el cuerpo y la cabeza
que se iluminan por una reacción química.

¡Luces, Por Favor!

Las luces en el interior de los peces les ayudan a
atraer su presa. Las luces también pueden ayudar a
los peces a encontrar pareja. Algunos peces
encienden sus luces para engañar a los predadores.

Otros peces tienen el cuerpo transparente
con luces que brillan adentro.
Los científicos no saben si son para
comunicarse, o sólo para ornamento.

Bajo Mucha Presión

En las profundidades del mar está muy oscuro y hace frío. El agua de arriba empuja hacia abajo con mucho peso. Los científicos pensaban que no podía vivir ningún ser en esas profundidades.

Lo Veo Todo Azul

Las luces dentro de los peces que viven en las profundidades son casi siempre azules. La luz azul se proyecta muy lejos en el agua. Las luces de otros colores no se proyectan tan lejos.

El fondo del océano no es plano,
aunque te parezca cosa extraña.
Tiene valles y mesetas y
grandes cadenas de montañas.

Para ir a la fosa oceánica más profunda,
una gran distancia hay que viajar.
Pero si quieres ir allí de visita tardarás
muchas horas en llegar.

Los científicos tocaron fondo en un
submarino francés una vez.
Tardaron cinco horas en bajar y cuando
llegaron al fondo no vieron ni un solo pez.

Demasiado Profundo para Mí

La Fosa de las Marianas es el lugar más profundo de la Tierra. Hay lugares que alcanzan casi 7 millas (11.2 km) de profundidad.

Flota Tu Barco

Los submarinos tienen aire en su interior para que la tripulación pueda respirar y para ayudar al submarino flotar en el agua. Para poder sumergirse inundan con agua algunas secciones del submarino.

Un Paseo Prolongado

La cordillera montañosa más larga de la Tierra se encuentra debajo del mar. Tiene una extensión de más de 35,000 millas (56,000 km). Da la vuelta al globo. Se conoce como la cordillera medio oceánica.

¡Hasta el Fondo!

Los científicos descendieron al fondo de la Fosa de las Marianas en 1960. Bajaron en un submarino llamado el *Trieste*. Auguste Piccard construyó el submarino *Trieste*.

El Granjero Bob no sabe hasta qué
profundidad tendrá que bucear,
ya que nadie ha visto vivo el calamar
gigante que él desea encontrar.

¡Qué Ojos Tan Grandes Tienes!

Los calamares gigantes tienen unos ojos enormes.
Tan grandes como tapacubos. El calamar gigante
es el único animal que tiene los ojos tan grandes.

¡Qué Abrazo!

El calamar gigante tiene ocho brazos y
dos tentáculos largos. Usa los tentáculos
para atrapar su presa. Usa el pico para
comer la comida que atrapa.

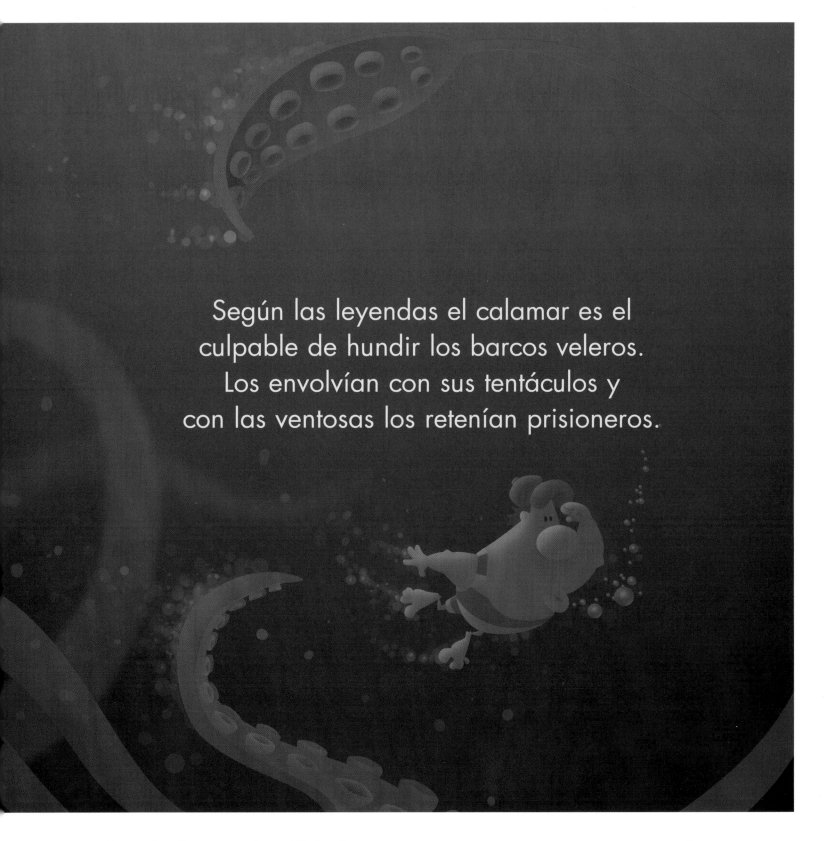

Según las leyendas el calamar es el culpable de hundir los barcos veleros. Los envolvían con sus tentáculos y con las ventosas los retenían prisioneros.

Leyendas de las Profundidades

Una leyenda es una historia. De tanto repetirla, la gente piensa que es verdad. Los marineros contaban historias acerca de monstruos marinos. En esos relatos, los monstruos atacaban barcos. Esas historias se convirtieron en leyendas.

¡Vaya Longitud!

Nadie ha visto un calamar gigante vivo, pero se han encontrado algunos muertos. ¡El más largo medía 59 pies (17.7 m)!

Bob estaba cansado del frío y profundo mar,
así que buscó otro sitio donde descansar.
Se dirigió a las aguas más cálidas
cerca del arrecife de coral.

Los arrecifes de coral están formados
por seres que ya están muertos.
Aunque parezca repulsivo, allí se esconden
los peces para no ser descubiertos.

Paraíso Tropical

Los arrecifes de coral se encuentran en las aguas cálidas vadosas de los océanos. Muchas islas tienen en sus proximidades arrecifes de coral.

El Arrecife de las Lamentaciones

Solamente algunas clases de coral forman arrecifes. El coral tiene un esqueleto muy duro. Cuando el animal muere, queda el esqueleto. ¡El arrecife está hecho de esqueletos!

Peces escorpión y tiburones tigre
nadan por los alrededores.
"¡Sólo me falta ver un pez rinoceronte
entre tantos predadores!"

¡Está Vivo!

Los corales son animales emparentados con las anémonas marinas. La mayoría vive en grupos llamados colonias y atrapan a sus presas con sus tentáculos.

Un Pez Sospechoso

El pez rinoceronte no existe. Un artista ha dibujado uno en esta página. El artista se ha imaginado el aspecto que tendría este pez. ¿Qué otros peces extraños puedes inventarte tú?

Bob vio algo muy curioso cuando
ascendía a la superficie del mar.
Un banco de peces muy veloces, que
con sus aletas extendidas, se echaban a volar.

Peces Planeadores

Los peces voladores tienen unas aletas especiales
y enormes para planear. Cuando los peces las
mantienen rígidas, son como alas grandes.

Cuando los Peces Vuelan

Los peces voladores no "baten sus alas" como los
pájaros. En realidad, nadan muy rápidamente,
saltan fuera del agua, y se deslizan por el aire
como si fueran aviones de papel.

Cuando están por encima del agua
estos peces pueden deslizarse y planear.
Pueden recorrer un buen trecho con
las aletas desplegadas para volar.

Una Hélice en la Cola

Después de un rato, un pez volador que ha
estado planeando comienza a caer. Para poder
continuar planeando, mete el extremo de la cola
en el agua, y la agita para tomar velocidad.

¡Atrápame si Puedes!

A otros tipos de peces les gusta atrapar y
comer peces voladores. Pero los peces
voladores saltan fuera del agua para escapar.
¡Los otros peces no pueden seguirlos!

El Granjero Bob ha estado sumergido
durante muchas horas.
Saca la cabeza del agua y sonríe
contento por encima de las olas.

Ve su tabla de surf en la playa
de una isla cercana.
Luego escucha el graznido conocido
de una gaviota lejana.

El Granjero Bob está muy cansado.
A la orilla acaba de llegar.
Se acuesta para echar una siesta y
entonces empieza a roncar.

Isla Volcánica

Algunas islas son las cimas de volcanes. La isla de Hawaii es la cima de un volcán. Otras islas están hechas de coral.

¡Qué Pies tan Graciosos!

Las gaviotas tienen los pies palmeados. Muchos pájaros que pasan tiempo en el agua tienen los pies palmeados. Usan los pies palmeados para remar en el agua.

¿Te Gustaría un Pepinillo con la Comida?

Las gaviotas pueden beber agua dulce o salada. Además, también pueden comer casi cualquier tipo de comida que encuentran. Algunos de estos alimentos pueden ser insectos, peces y fruta.

Veo Una Isla

Una isla es un trozo de tierra rodeada de agua por todos sus lados. Se pueden encontrar islas en los ríos, en los lagos y en los océanos.

29

El Granjero Bob se despierta confundido,
pues de todos sus amigos está rodeado.
Está en una isla, lejos de la costa,
¿cómo es posible que aquí hayan llegado?

Empieza a contar lo que ha visto debajo
del mar a sus amigos del corral:
los peces escorpión y el pez rape, la
vaca marina y el arrecife de coral.

Homero el Carnero le dice a Bob,
"Lo que ocurrió no fue eso.
Cuando te caíste de la tabla por décima
vez, te machacaste los sesos."

"¿Mi aventura fue solamente un sueño?
No cabe otra explicación.
La próxima vez me llevaré a todos mis
amigos al fondo del mar de excursión."

acerca de los autores e ilustradores

Elliott Vanskike
desea en secreto ser un buceador. Jacques Cousteau fue uno de sus héroes cuando era niño. Durante el verano, Elliott pasaba muchas horas en la piscina con sus hermanas jugando un juego llamado "Jacques Cousteau." Cuando no sueña con bucear, a Elliott le encanta la música, montar en bicicleta y hacer collages. Elliott vive en Portland, Oregon con su esposa y un gato.

Ray Nelson
le gusta los pescados y los mariscos, especialmente los palitos de pescado y las galletitas saladas con forma de peces. Tiene un gran congelador lleno de palitos de pescado y un barril grande lleno de salsa tártara en su garaje. Ray tiene un estanque lleno de peces koi, pero su esposa no deja que se los coma. Ray es muy buen nadador—cuando lleva puestas sus alas acuáticas especiales.

Ben Adams
vive en una pecera. Su mejor amigo es un caballito de mar llamado Chip. (Los caballitos de mar no son realmente caballos, pero se llaman así.) Ben pasa mucho tiempo en su castillo pequeño de cerámica dentro de la pecera, escuchando música a gran volumen e imaginando las distintas maneras de pintar peces y percebes.

Lynnea Eagle
no practica el surf, pero si ha estado en la playa. Comió mucha arena y bebió mucha agua salada cuando era niña, pero sigue sin practicar el surf. Lynnea toca la guitarra y canta canciones de los Beach Boys a su pez combatiente, Diomedes. Espera que juntos puedan formar un conjunto musical llamado "Perro rabioso y su melgacho."